LES TRES BESSONES

ROMEU I JULIETA

Il·lustracions: Roser Capdevila
Fotografies: Aisa, Firo-Foto, Fotogramas, Kobal, Salvat, Zardoya.
Text ficció: Mariona Anglès i Mireia Broca
Text no ficció: Lola Casas i Jesús González
Disseny de la col·lecció: Loni Geest
Tractament de la imatge 1a. part: Elsken
Maquetació 1a. part: Elsken, anna, i Núria Oriol
Maquetació 2a. part: Loni Geest
Edició 1a. part: Bet Ballart
Edició 2a. part: Aurèlia Vigil

ISBN: Obra completa: 84-345-6880-2
Tomo 1: 84-345-6910-8
Dipòsit legal: B-49.327-1999
Imprès a GESA
Imprès a Espanya

Dibuixos
Roser Capdevila

CROMOSOMA
SALVAT

L'amor diverteix molt la Bruixa Avorrida,
que no ha pogut
resistir la temptació
d'enviar les Tres Bessones
a una de les més intenses
i apassionants històries d'amor
de la literatura universal.
Seguiu-la!

Som a Verona, al nord d'Itàlia. En una plaça de la ciutat els dos equips rivals, els Capuleto i els Montesco, s'enfronten molt aferrissadament en un joc molt particular... En diuen el joc de la Col.

La rivalitat

El joc és molt emocionant. Hi ha una baixa a l'equip dels Montesco i la Teresa s'ofereix per jugar. La Bruixa farà d'àrbitre.

La Teresa corre i passa la col. En Romeu pot marcar, però la bellesa de la Julieta el deixa bocabadat. Els Montesco perden...

A casa la Julieta Capuleto...

La pobra Julieta està molt trista i plora. S'ha enamorat d'en Romeu i sap que al seu pare no li agradarà perquè és de l'equip rival.

La Dida la consola i li promet que l'ajudarà.

Cap a la festa!

En Romeu s'ha enamorat de la Julieta. Les Bessones l'ajuden a colar-se a la festa de la victòria dels Capuleto.

La festa està molt animada. En Romeu veu la Julieta al costat del seu pare. Oh! Cada cop està més a prop de la seva estimada!

Sota la llum de la lluna, en Romeu i la Julieta s'estimen i es prometen amor etern. Ho segellen amb un petó.

El pare de la Julieta ho ha vist tot i li fa una promesa a en Paris:

–Tu, Paris, capità del meu equip, et casaràs amb la meva filla Julieta!

La Teresa, amagada, ho ha sentit tot i se'n va a explicar-ho als altres.

La Julieta mira la lluna i espera impacient l'arribada del seu estimat. Han quedat per veure's a mitjanit.

En Romeu demana a la Julieta de casar-se en secret, un casament d'urgència: demà mateix! Ella accepta encantada.

La Dida Avorrida, amb l'ajuda del seu Mussol, s'assabenta dels plans d'en Romeu i la Julieta.

Li faltarà temps per anar a explicar-ho a en Paris!

La Julieta és feliç com un anís.

En Romeu se'n va. Anirà a trobar a Fra Llorenç i li demanarà que els casi.

L' amor passa per sobre de tot.

La rivalitat entre Capuletos i Montescos no impedirà el seu casament.

A l'habitació d'en Paris...

Ràpida com un llamp, la Bruixa arriba a casa dels Capuleto per xerrar-ho tot a en Paris.

En Paris, que dorm plàcidament somiant amb el seu casori, segur que impedirà aquest casament de totes totes.

A casa d'en Romeu Montesco

En Romeu, molt emocionat, s'acomiada de les Tres Bessones i se'n va corrents a buscar a Fra Llorenç. No vol perdre ni un minut!

El pare de la Julieta està molt enfadat, no li perdona el que ha fet.

–Petonejar-se amb un Montesco! Això –diu el pare de la Julieta– requereix una solució immediata i definitiva.

Julieta, et casaràs amb en Paris!

La xocolata enverinada

La Julieta plora desconsolada quan arriba la Dida Avorrida amb el berenar. L'Helena tasta la xocolata i cau adormida.

La Julieta també s'adorm amb la xocolata. Arriba en Romeu i escura la tassa de la Julieta perquè vol morir amb ella.

Quin desastre! En Romeu i la Julieta morts! La rivalitat entre els Capuleto i els Montesco ha portat la desgràcia a aquesta casa.

En Romeu i la Julieta es desperten. Els senyors Capuleto, meravellats, prometen no posar més traves a l'amor dels dos joves.

L' amor triomfa. En Romeu i la Julieta es besen feliços sota l'atenta mirada de la Bruixa, que té seriosos dubtes...,

...està convençuda
que la història té un altre final.

Li anirà a consultar
al senyor Shakespeare.

Vols saber...?

- **ELS ORÍGENS DE LA HISTÒRIA**
  Qui eren Romeu i Julieta?
  On vivien?
  Qui va ser William Shakespeare?
  Com era el teatre d'aquella època?
- **CURIOSITATS**
- **VOCABULARI**
- **RECERCA**

ELS ORÍGENS DE LA HISTÒRIA

QUI EREN ROMEU I JULIETA?

Són els protagonistes d'una tragèdia creada pel gran escriptor anglès **William Shakespeare**.

L'obra transcorre a l'època medieval i explica les rivalitats i baralles entre dues famílies de la ciutat de Verona. Aquests enfrontaments furiosos portaran la desgràcia als fills respectius, **Romeu Montesco i Julieta Capuleto**.

Els dos joves s'enamoren
i es casen en secret, però la
intransigència dels dos clans
i un seguit de desencerts i
malentesos ocasionaran la mort
tràgica dels amants.
Després d'aquesta tragèdia, les
dues famílies es reconcilien.

On vivien?

Shakespeare situa la història de Romeu i Julieta a **Verona**, que és una encisadora ciutat del nord d'Itàlia, molt a prop de Venècia.
Té monuments molt importants, com l'amfiteatre, de l'època romana, i molts palaus i esglésies renaixentistes.

Als veronencs els agrada retre homenatge als seus famosos enamorats.
Així, podem trobar a la ciutat la «Casa de Julieta», la «Casa de Romeu» i la «Tomba de Julieta».

Aquest balcó, a Verona, recorda les entrevistes nocturnes de Julieta amb Romeu, el seu enamorat.

Si algun dia visiteu aquesta ciutat, no deixeu d'anar a aquests llocs tan romàntics!

QUI VA SER WILLIAM SHAKESPEARE?

Va ser un poeta i autor teatral anglès. Se'l considera com un dels millors dramaturgs de la literatura universal.

1564-1616

Les dades de la seva vida presenten un cert misteri. Es creu que va néixer el 23 d'abril de 1564 a Stratford-on-Avon. Va arribar a Londres al 1588 i, pocs anys més tard, ja havia aconseguit un èxit notable com a escriptor i actor teatral.

La reina Elisabet I d'Anglaterra, i també el rei Jacob I, van ser destacats protectors i admiradors seus.

Va escriure moltes obres. Tragèdies, com la mateixa *Romeu i Julieta, Ricard III, Hamlet, Otel·lo*… I comèdies, com *Somni d'una nit d'estiu, Molt soroll per res*... Les seves obres són **clàssiques** perquè parlen dels sentiments humans més importants, i ho fan amb un llenguatge poètic molt bell i expressiu.

Com era el teatre d'aquella època?

Els teatres d'aquell temps eren molt diferents. Eren construccions circulars, de fusta, amb una espècie de gran pati central, i sense sostre. Al voltant podia haver-hi galeries, les unes sobre les altres, amb un rústec cobert de palla.
Els espectadors, drets, ocupaven el pati i les galeries. L'escenari era força petit, i no hi havia ni telons ni cortines.
Les representacions es feien de dia per aprofitar la llum natural.

La interpretació dels actors era molt important per aconseguir que el públic imaginés tota mena de situacions (la remor del mar, una batalla...). No hi havia actrius, perquè les normes no ho permetien. Els papers femenins eren interpretats per nois disfressats de dona.

En el teatre **The Globe**, a Londres, s'hi representaven moltes obres de Shakespeare. El teulat estava decorat amb un globus i una frase que deia «Tot el món és un escenari».

Curiositats

Una antiga llegenda diu que, pels volts de l'any 1212, una parella de Teruel va patir desgràcies amoroses semblants a les dels amants italians. Per això, **els amants de Teruel** es consideren el Romeu i la Julieta espanyols.

Saps com es diu «T'estimo» en...

gallec? ***Quéroche moito.***
èuscar? ***Maite zaituk.***
castellà? ***Te quiero.***
francès? ***Je t'aime.***
anglès? ***I love you.***
alemany? ***Ich liebe dich.***
italià? ***Ti amo.***

Venus, anomenada pels grecs **Afrodita**, era la deessa de l'amor. Tenia molts poders: protegia els matrimonis i les llars, però també podia fer que els enamorats es tornessin bojos i perdessin el seny.
La mitologia diu que va néixer de les aigües del mar i que, des de llavors, l'amor és present a la terra i entre totes les criatures.

Cupido era l'«ajudant» de Venus.
Se'l representa com un nen alat que envia fletxes al cor de les persones per fer que s'enamorin.

Vocabulari

Actor o actriu: Persones que interpreten els personatges d'una obra de teatre, una pel·lícula, etc. Poden ser actors principals o secundaris.

Apuntador: Persona que s'encarrega de recordar als intèrprets fragments de diàleg durant una representació de teatre.

Autor: Persona que crea una obra de teatre, un llibre, una pel·lícula, una pintura...

Bambolines: Cadascuna de les bandes (de tela, paper...) que pengen dels dos costats d'un escenari. Serveixen per amagar els aparells d'il·luminació i completar els decorats.

Camerinos: Cambres destinades als actors i actrius per a vestir-se, maquillar-se, descansar, etc.

Decorats: Elements que es col·loquen a l'escenari per ambientar una obra teatral.

Director: Cap d'una companyia de teatre, encarregat de coordinar la part artística de l'obra.

Escenari: Zona del teatre on actuen els actors.

Llotges: Espai destinat al públic, situat al voltant de la platea.

Platea: Planta baixa d'un teatre, on es troben les butaques per als espectadors, normalment en files paral·leles.

Teló: Tela de l'amplària de l'escenari que puja o s'obre quan comença l'espectacle, i baixa o es tanca quan aquest s'acaba.

Recerca

BIBLIOTECA

Llibres d'amor per a nens i nenes

B. Cole: *La princesa enjogassada*. Barcelona, Destino, 1990.

R. Dahl: *Agu trot*. Barcelona, Empúries, 1991.

P. Hartling: *Ben quiere a Ana*. Madrid, Alfaguara, 1988.

A. Pierjean: *Paul i Louise*. Barcelona, La Galera, 1995.

Guies de viatge

Horizontes: Italia (Guía Salvat del Trotamundos). Barcelona, Salvat, 1996.

VIDEOTECA

Adaptacions d'obres de Shakespeare

Hamlet, de L. Olivier (1968).

Romeu i Julieta, de F. Zeffirelli (1968).

Romeu i Julieta, de B. Luhrman (1997).

Molt soroll per res, de K. Branagh (1993).

Obres en què el teatre és un fet important

¡Qué ruina de función!, de P. Bogdanovich (1992).

Secretos del corazón, de M. Armendáriz (1997).

INTERNET

Les tres bessones: www.lestresbessones.com

William Shakespeare:
www.shakespeare.com/ (en anglès)

The Globe:
shakespeares-globe.org/IE-home.html (en anglès)

Verona: www.comune.verona.it/home.html (en italià)

Teatre: www.tvc.es/rev_espectacle/cultura.gencat.es/

MULTIMEDIA

Enciclopedia Multimedia Salvat 99.
Distribuïdor: Salvat.
Web: www.salvat.com.

ALTRES

Romeo and Juliet (ballet), de S. Prokof'ev (1936).

Roméo et Juliette (òpera), de Ch. Gounod (1867).

Banda sonora original de *Romeu i Julieta* (versió de Zeffirelli), de N. Rota (1968).

LA BIBLIOTECA DE

LES TRES BESSONES

Romeu i Julieta

Buffalo Bill

Helena de Troia

Leonardo da Vinci

El Quixot

King Kong

Els cavallers de la taula rodona

Sant Jordi i el drac

Els tres mosqueters

El viatge al centre de la Terra

El doctor Frankenstein

Oliver Twist

L'home de Cromanyó

Cristòfor Colom

Cleopatra

Marco Polo

L'home de Mayapan

Els viatges d'Ulisses

Amadeus

Pare Noel

Tom Sawyer

El fantasma de l'òpera

L'Ullal Blanc

Kim de l'Índia

La volta al món en 80 dies